LAS MARIPOSAS MIGRAN

Silvana Juárez

LAS MARIPOSAS MIGRAN

Asia
Ediciones

©Juárez, Silvana

Las mariposas migran / Silvana Juárez. - 2a ed - Monteros: Silvana Juarez, 2019.

116 p.; 20 x 13 cm.

ISBN 978-987-86-2313-9

1. Poesía Argentina. I. Título.

CDD A861

Diseño: Asia Ediciones

www.asiaediciones.com

Diseño de portada: Lauria

Vectores: pixabay.com free royalty

holasilvanajuarez@gmail.com

www.silvanajuarez.com

www.lasmariposasmigran.wordpress.com

IG. FB: @silvanajuarezz

Impreso: Amazon Inc

ISBN 978-987-86-2313-9

Para Iso, a quien continuó extrañando.
Para Adrián, amigo desde tiempos inmemorables, por
ser el primero en impulsar este libro y más.

"He aquí la sierva del señor, hágase en mi según tu
palabra"

Lucas 1:38

"El amor es como las mariposas, si tratas de alcanzarlas desesperadamente, se alejan; pero si te quedas quieto, se posan sobre ti"

Tagore

Esto pasó en mí.

No se qué parte fue real,

y que parte fue imaginación.

¿Hay alguna diferencia?

POR QUÉ LAS MARIPOSAS MIGRAN

Hace un tiempo en un hotel de Guatemala conocí a
"J."
Cuando se acercó mi alma me aviso que lo conocía
de otras vidas.
No se puede explicar con palabras el sentimiento,
solo te das cuenta, el cuerpo, algo adentro te avisa,
simplemente lo sabes, lo sentís, el reencuentro y la
paz.
Pasamos muy pocos días juntos.
En ese tiempo el me pregunto: "¿Qué es para ti el
amor?"
Le conteste: "el amor son mariposas en el estómago".
Me sonrió y dijo: "¡eso no existe!".
Sonreí y no conteste, pero pensé
en todas las veces que sentí mariposas, en ese mismo
momento las estaba sintiendo y supe que se
equivocaba, pero preferí callar.
Días después nos separamos, cada uno siguió su
camino, en busca de su propio destino, supongo.
El se despidió con una foto de mariposas volando y
un mensaje donde solo escribió:
"las mariposas migran".

Jamás volvió a escribirme, espere un mensaje suyo

mucho tiempo, pero nunca llegó.

Yo no tuve el valor de escribir, luego tampoco tuve el

deseo, simplemente paso.

Así aprendí, que al final, tarde o temprano,

lo desee o no lo desee, quiera o no quiera: el amor

migra, o

las mariposas migran...

AUSENCIAS

LA MAÑANA

Este desamparo matutino

cuando abro los ojos

y el no está a mi lado.

Esta tristeza infinita,

mía,

solo mía.

Si, yo, abatida, triste, sola,

en mi mundo desordenado,

en el desorden que causa su ausencia.

Esta mañana, soy color gris.

INVIERNO

Desde tu partida
caí en un invierno eterno.

Pasan las estaciones,
la primavera sin flores,
el verano sin calor,
el otoño sin hojas.

Todo igual, año tras año,
no logró percibir el paso del tiempo.

Aquí sigo
temblando de frio.
Congelada.

HANDSOME BOY

Nada tiene sentido sin él,
todo está incompleto.

Lo busco en todos lados
en cada ciudad, en cada bar,
pero nunca aparece.

Cuando creo que por fin dejó de doler
siempre vuelve
en una canción, en un gesto, en una frase
y vuelvo a caer.

 Así, siempre así.

UNA NOCHE DE LLUVIA

Una brisa que entra por la ventana,
un aroma de lluvia que se cuela,
el sonido de árboles bailando por el viento,
a lo lejos y entre sueños
escucho nuestra canción.

Fantaseo que llegas, me sacas a bailar,
hablamos de la lluvia y del viento,
reímos sin parar.

Hacemos el amor,
nos quedamos dormidos
agotados, transpirados.

Despierto, miro la ventana
los árboles, el viento, la lluvia,
todo está ahí, todo, menos tú.

TE ECHO DE MENOS

Aturdida por el ruido que dejó tu partida,
pérdida en la habitación.

Todo está alborotado,
solo pensarte es un alboroto.

Cometo el error una y otra vez
de intentar saber de ti y caigo en el vacío.

Es que te echo de menos,
¡cuánto te echo de menos!

MALDITA NOCHE

Cae la noche
¿Él me recordará
como yo lo recuerdo a él?

La soledad,
el vacío,
las ganas,
el deseo,
las lágrimas,
la desesperación,
la tristeza,
los pensamientos.

Cae la noche,
este nudo en la garganta
que no me deja respirar.

Las ganas de gritar
perdóname,
compréndeme,
cálmame,

ven abrázame,

simplemente no te vayas.

TE EXTRAÑO

Extraño tus manos sobre las mías
y en mi cuerpo.

Extraño tus miradas
y mis incomodidades.

Extraño tu respiración
y tus olores.

Extraño tus abrazos
y abrazarte.

Extraño tu rostro
y tu rose en mi sexo.

Extraño tus intentos de seducción
y enojos.

Extraño dormir acurrucados
y que no me dejes dormir.
Te extraño desconocido.

SIN ÉL

Por aquí los días pasan igual.

No hay días buenos
ni malos,
solo días
vacíos,
llenos de nada.

La vida pasa rápido
y lento a la vez.

No hay color,
no hay sabor,
no hay temblores,
no hay emoción.

TÚ

Tú
en mis fantasías,
a toda hora,
todo el tiempo.

Tú
antes de mi primer café,
después de un día agitado.

Tú
cuando no pienso en nada,
cuando estoy distraída,
cuando miro por la ventana.

En cualquier reflejo
ahí estas tú.

EL MAR

Cada vez que contemplo
la calma o las olas del mar,
como una constante
apareces en mi mente.

Te busco con la mirada,
no te encuentro,
recuerdo que no estás
que hace tiempo te fuiste.

Que tal vez nunca estuviste.

¿DÓNDE ESTAN LOS COLORES?

Su partida volvió todo oscuro,
una nube negra me persigue.

El cielo está apagado,
la ciudad sin luz.

Hay lluvia pero no arcoíris.
Ya no queda ningún color,
se los llevo todos.

SIEMPRE

Siempre está conmigo
aún cuando no pueda verlo.

Siempre asechándome,
volviendo todo un poco más triste,
marcando su ausencia.

Siempre puntual en mi memoria
cada enero, cada mes.

Siempre que sale el sol
y cuando no, cuando no también.

RESACA

No sé lo que es estar estable.

Todo gira,
estoy mareada,
todo se mueve.

El mundo es un caos,
mi cabeza esta desordenada.

Tengo resaca de tu amor.

LLORÉ

Hoy lloré por él.

Por lo que no fue,
por lo que no es,
por lo que no será.

Porque

no habrá un nosotros,

no habrá amaneceres,

no habrá otoños ni primaveras,

no veremos la nieve,

no correremos bajo la lluvia,

no caminaremos por París.

Porque
nunca bailaremos un vals.

Hoy lloré por mí.

EL MUNDO

En este mundo sin ti
un segundo parece un siglo,
un minuto una eternidad.

No hay miradas fulminantes
ni ojos que queman.

No hay piel erizada
ni ataques cardíacos.

No hay días cálidos
ni aire, me asfixio.

El mundo ya no se detiene,
el mundo ahora duele.

DESPUÉS

Desparramado por mi vida,
esparcido en cada rincón,
todo baila a su alrededor.

Me pierdo dentro de sus ojos,
tiemblo si esta cerca,
me agito al oír su respiración.

Después, siempre después,
recuerdo que no me quería.

NO TE SOÑÉ

Anoche no te soñé
no pude verte.

Volví a dormir,
te busque en mis sueños,
necesito verte.

Me falta el aire,
me siento vacía.

No te soñé.

OLVIDAR SU AMOR

Porque no puedo olvidar

sus caricias

sus miradas

sus miedos

sus reproches

sus gustos

sus manías

sus brazos

sus gestos

no puedo olvidar: su amor.

QUÉDATE CON TODO

Quédate con todo

con mi mirada

con los colores

con los sabores

con los planes

con los sueños

con las anécdotas

con los amigos

con las tardes en el parque.

Pero no te quedes con mi ilusión

ESPERANZAS

SOÑÉ

Soñé que nos reencontrábamos,

que nunca nos habíamos hecho daño

que nos mirábamos como el primer día,

que no nos equivocábamos,

que nos decíamos la verdad.

Soñé que nos animábamos,

que era valiente,

que no me negaba lo que sentía,

que me permitía amarlo,

sin ataduras, sin vergüenza.

Soñé que derribabas mis miedos,

que los hacías desaparecer,

que no estaban ahí,

que no existían,

que nunca existieron.

Soñé que me enseñabas a no temer.

ENERO

Me despierto pensando:
"hoy puede ser ese día".

Hoy puede volver a ser enero,
ese enero en que nos cruzamos
así como quien no quiere la cosa
por el capricho del destino.

En una esquina, en un bar,
en un hotel, en una estación.

Hoy puede pasar.

VOLVERTE A VER

Mi alma dice que
nos volveremos a ver.

Se que estaré nerviosa
como el primer día.

Se que temblaran mis piernas,
se que costará hablar.

Se que reiré sin razón,
se que nos volveremos a ver.

ESPERO

Siempre espero

encontrarte,

que me elijas sin razón,

que me hables sin motivos,

que me ames sin sentido.

O por lo menos

espero,

que mi alma te olvide.

IMAGINO

Imagino
un reencuentro contigo.

Imagino
besos y abrazos.

Imagino
miradas cómplices y sonrisas.

Imagino
declaraciones de amor y juramentos eternos.

Imagino
que un día, por fin,
logro dejar de imaginar.

ANIVERSARIO

Me voy a dormir tarde, triste,
esperando un mensaje suyo,
un mensaje que no llego.

Hace meses que espero este día,
parece que se olvidó por completo de mí,
parece que solo yo lo recuerdo.

Cada tic tac del reloj es como una daga
pero no se clava en el pecho,
se clava en el alma.

Termino el día,
se acabo el tiempo
y no escribió.

TAL VEZ

Tal vez sea mejor así.

Tal vez
no éramos el uno para el otro.

Tal vez
solo fue un encuentro.

Tal vez
lo mejor espera adelante.

Tal vez, siempre tal vez.

SENTIMIENTOS

SENSACIONES EN LA VENTANA

Un aroma de lluvia
se cuela por todas mis sentidos,
lo siento por mis venas.

Aroma de madera mojada,
de asfalto transpirado y empapado.

Una leve corriente de viento
convierto todo en más intenso.

El sonido de autos contra el agua,
del agua contra las chapas.

Al final me estremezco toda,
como cuando te huelo.

WATERLOO

Cuando él me mira
deja de existir todo alrededor,
todo Waterloo se paraliza.

La montaña rusa
que esta frente nuestro
se congela en el tiempo.

Los niños corriendo
se convierten en estatuas.
La música, risas, gritos,
todo el sonido desaparece
y solo escucho su mirada.

Cuando él me mira
el mundo, mi mundo,
se detiene.

ERES

Eres

el viento por la ventana,

la mirada perdida,

el nudo en la garganta,

la cama desarmada,

el libro en el suelo,

la canción en la radio,

el grito de amor,

las ganas de gritar.

Eres

el desgano de cada día,

los dolores en el pecho,

el televisor encendido,

los papeles desparramados,

el placar desordenado,

las mañanas de domingo,

el latido del sexo,

las ganas de follar.

Eres

la nostalgia de cada enero,

y ya no recuerdo

mis eneros antes de ti.

RUIDOS

El ruido de los deseos
por todos lados.

Las paredes gritan,
las puertas aúllan,
la cama cruje,
la habitación chilla.

 Mi cuerpo maúlla,
como una gata en celos
reclama tu cuerpo

PARAÍSO

Eres mi paraíso,
cuando estas siento la primavera.

Me tocas y veo estrellas,
me hablas y mariposas bailan,
me miras y brilla el sol,
me sonríes y florecen los campos.

Y cuando me besas, oh cuando me besas,
ahí estalla todo el universo.

INFINITO

Cuando creo que no puedo amarlo más,
sucede algo
y me enamoro más.

Cuando pienso que no hay amor más grande,
dice algo
y me enamoro aún más y más.

Cuando estoy segura que no es posible más amor
me clava su mirada
y entonces, entonces me enamoro un infinito.

NOS HIZO FALTA

Nos hizo falta
más risa,
más carcajadas,
más chistes.

Nos hizo falta
comprendernos más,
divertirnos más,
perdonarnos más.

Nos hizo falta
dejar que suceda.

PUEDE SER

Puede ser que él

me engañara,

me mintiera,

me usara,

no me amara.

Puede ser que yo

lo supiera

y eligiera

equivocarme por él.

EL AMOR ES OTRA COSA

El amor no es como me lo contaron,
el amor es otra cosa.

En el amor no importa nada
de lo que creemos que importa.

Nunca logre recordar bien
el color de ojos de los hombres que ame,
pero si recuerdo sus miradas.

El amor es otra cosa,
es algo que no tiene razón.

FANTASMAS

TRES DÍAS EN LA VIDA

Te vi, me miraste

y con solo eso me empezaste a gustar.

¿¡Quién entiende las cosas del amor!?

Conversamos de nada importante,

solo por la necesidad

de quedarnos ahí, a la par,

o por lo menos eso me paso a mí.

Estando a tu lado

mi corazón se agitaba,

me alejaba para que no lo sintieras

y disimular.

Me besaste, te bese

y aunque mi cabeza me decía:

"vete mientras puedas",

no podía hacerlo.

Quería estar a tu lado,

solo eso,

nada más que eso.

No me importó tu nombre en esta vida,
ni que hacías para vivir,
me alcanzo con saber
que si estás al lado mío
mi corazón late rápido.

Egoísta de mi parte, lo sé.

Al día siguiente
mi corazón quería todo,
pero mi cabeza,
mi cabeza es racional, no pasional
y piensa más de lo debido.

A pesar de ello gano el corazón,
te invite a mi habitación,
amanecimos acurrucados,
"siento que tenemos piel", me dijiste.

Sin embargo al final de ese tercer día
te deje ir y me dejaste ir.

LA LLEGADA DEL NILO

Luego de 2 minutos
llegó el indeseable metro,
para llevarme lejos, lejos de él.

Nos abrazamos sin decir nada,
me subí,
el se quedó pegado a la puerta
del lado de afuera.

Me miro, me clavó su mirada,
que no hablaba, gritaba,
gritaba algo que no pude comprender,
que no supe adivinar.

¿Que decía esa mirada?,
que no pudo decirlo con palabras,
que no supo decirlo con palabras.

El metro comenzó su marcha
y lo perdí de vista,
se quedó atrás.

Yo tenía un nudo en la garganta,

mi cabeza era una bomba

con mil cosas a punto de explotar.

Me decía a mí misma

"no pasa nada, ya fue".

Intentaba concentrarme

en volver sana y salva a mi hotel,

en esa ciudad desconocida,

en esa noche infinita.

Llegué al hotel,

me tumbe en la cama

y cuando por fin me relaje,

la bomba exploto,

con mil reproches propios y ajenos.

Esa noche

el río Nilo desvío su curso

hacia mis ojos

y se plantó ahí por varios días.

PREVIA

Con la palma de su mano abierta
solía tocar mi tobillo.

Subía hasta mi rodilla
de una manera asombrosa
que no logro olvidar.

Llegaba a mis glúteos,
donde siempre se detenía
y hacía algún comentario
con su acento exquisito.

¿¡Quién pudiera prolongar ese momento
y convertirlo en una eternidad!?

Continuaba por mi ombligo,
donde cualquier roce me erizaba toda.

Llegaba a mis pequeños pechos,
donde aunque intentaba
no podía detenerse.

Seguía rápidamente

y por fin llegaba a mi boca

donde todo terminaba,

o en realidad

donde todo comenzaba.

PERFUME

Hoy vistió el sweater
que uso la última vez que estuvo con él,
a pesar de que paso más de un mes
todavía siente su perfume su olor en el.

La persigue el aroma a cada segundo,
la invade una catarata de recuerdos
y hasta de sentimientos
que no logra comprender.

¿Cómo es posible que un simple perfume
produzca tanto en ella?, se pregunta.

Decidió en adelante
no usar más ese sweater,
cree que él no se irá nunca de este.

Le dijeron que no era fácil encontrar
el perfume correcto
para cada tipo de piel,
a pesar de ello

probara nuevas fragancias.

Porque ella sabe,
que esta, esta no es.

SE ESCAPA LA VIDA

Me desperté pensando
¡se nos escapa la vida!,
se me escapa la vida
y no la puedo alcanzar.

Esta corriendo
demasiado rápido,
o yo estoy corriendo
demasiado despacio.

Se me escapa
cada segundo,
cada instante.

La pierdo mientras duermo,
mientras huyo de mis sueños
por miedo a los posibles fracasos.

No logró comprender
que huir es el fracaso,
o si lo comprendo,

pero vuelvo a caer.

Se me escapa
esta veloz,
esta fatídica.

El caos me agobia
aunque yo misma lo cree
y duermo, duermo,
para no pensar,
para no llorar.

Pero la maldita no me perdona
y sigue corriendo,
no se detiene a esperarme.

Hoy salte de la cama y grite
¡paren, paren todo!,
que se me escapa la vida
y ya no la quiero dejar escapar.

SENSACIONES

Esquivaba su mirada

para librarme del vacío

cuando sus ojos me faltasen.

Aprender a vivir

con su ausencia

con la nostalgia

con los recuerdo

con los quizás

con los porque

con lo que nunca paso.

Aprender a vivir conmigo.

No quiero
ni la luna,
ni el sol radiante,
solo quiero su mirada.

Y que mi corazón se pierda
en esa mirada.

Te acercas

tiemblan las piernas,

se acelera el corazón,

se agita el mundo.

Siento la guerra

y la paz.

Coincidencias:

Cruzarte en una esquina cualquiera,

un jueves cualquiera,

en una mañana de otoño cualquiera.

Solo debes dejar que suceda.

Aunque sea un instante,

mirarte.

Aunque sea desde lejos,

pensarte.

Aunque sea por causalidad,

encontrarte.

Cada noche

muero y resucito

a la vez.

Tu recuerdo

me mata y me da vida

a la vez.

Mi alma

un alma vieja

vuelve a ser niña

cuando estoy con él.

Necesito parar un rato
para pensar en ti,
fantasear con un nosotros,
soñar contigo.

Todo esto,
para poder seguir.

Por él todo brilla,
me sigue el sol,
vuelan chispas,
hay estrellas,
fluye la sangre,
y el alma aprieta.

Con él

mi corazón se acelera.

Pero mi alma,

mi alma encuentra la paz.

Como en las películas
sola en mi habitación
cierro los ojos en mi cama
y solo concilio el sueño
después de decir al aire vacio:

"Buenas noches amor"

Verte dormir,

oír tu respiración,

sentir tu olor,

pensar que soñaras,

abrazarte fuerte,

tocar tu corazón,

encontrar por fin

la paz.

Pasa el tiempo,

los recuerdos se esfuman,

ya no logró recordar su rostro.

Este amor se desvanece,

el tiempo no lo salvara.

Que efímero que es todo.

CARTA DE DESPEDIDA

Querido lector/a:

Te deseo un amor…

Un amor de esos que te revuelven el estómago y no son mariposas, es un tsunami en el estómago,
de esos que sentís que te aprietan justo en el pecho,
de esos que te aceleran a mil el corazón,
de esos que te dejan sin aliento y sentís que no podes respirar,
de esos que te hacen olvidar lo que estabas pensando,
de esos que te hacen tartamudear de los nervios cuando te miran fijo,
de esos que te hacen viajar miles de kilómetros solo por una tarde,
de esos que te hacen ser mejor persona sin darte cuenta,
de esos que te hacen reír sin pensar,
de esos que te entienden solo con la mirada y sobran las palabras,
de esos que te impulsan y te motivan a hacer. Un amor…

de esos que te hacen temblar hasta la punta de los
pies.

Solo eso. Todo eso.

No te conformes con menos.

Hasta siempre Mariposa.

Silvana

ÍNDICE

www.ingramcontent.com/pod-product-compliance
Lightning Source LLC
Chambersburg PA
CBHW020734160726
47993CB00006B/2445